AF322499

EDICT DV ROY,

POVR LA VENTE ET ALIENATION A FACVLTÉ

de rachapt perpetuel de tous les Greffes tant Ciuils que Criminels, des presentations, petits sceaux, affirmations & insinuations, ensemble des places de Commis & Clercs de Greffes, auec le droict de Parisis, que sa Majesté veut estre estably en sa Prouince de Bretagne.

A PARIS,

Chez G. MOREL, Imprimeur ordinaire du Roy, ruë S. Iacques, à la Fontaine.

M. DC XXVI.

Auec Priuilege de sa Maiesté.

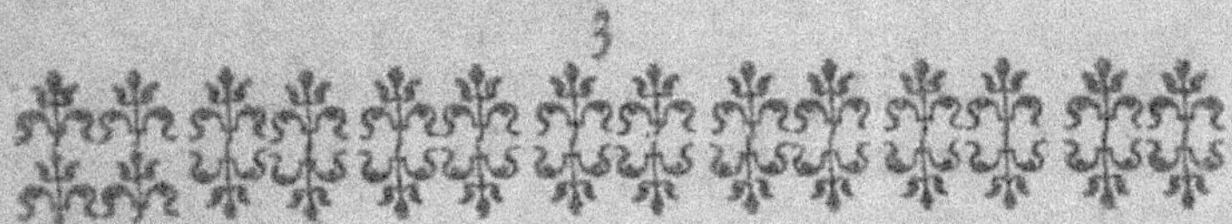

OVIS par la grace de
Dieu Roy de France & de
Nauarre, A tous presens &
à venir, Salut. Apres auoir
mis fin à tant de diuers mouuemens suruenus en nostre
Estat depuis quelques années, & soustenu
le faix des grandes despenses que nous a-
uons eu à supporter pour la solde des ar-
mees que nous auons esté obligez d'entretenir par Mer & par terre, tant en plusieurs
Prouinces de nostre Royaume, que hors
iceluy, pour tenir nos pays & subiects en
seureté, Nous esperions auoir quelque re-
lasche & loisir de respirer, & par le bon-
heur de la paix reparer & remplacer auec le
temps le desordre & diminution que la cō-
tinuation des troubles a apporté en nos reuenus & finances : Mais nous n'auons eu si
tost assoupy les derniers mouuemens exci-
tez par aucuns de nos subiects de la Reli-
gion pretenduë reformee, que nous n'ayōs
descouuert les secrettes pratiques & factiōs
qui se faisoient en nostre Prouince de Bre-

A ij

tagne , en laquelle nous nous sommes a-
cheminez auec forces suffisantes pour nous
assister, & pouruoir aux maux dont elle
estoit menacee, & y donner vn si ferme e-
stablissement à nostre auctorité, que nos
bons subiects y puissent trouuer le repos &
la seureté de leurs familles : ce que ne pou-
uant faire qu'auec vne grande despense,
laquelle adioustee à celles du passé, & autres dont nous sommes encores chargez
d'ailleurs, accroist la necessité de nos affaires iusques à tel point, qu'outre le secours
que nous nous promettons des bonnes vo-
lontez de nos subiects de nostredite Prouince, Nous auons besoin de recouurer
encores vne notable somme de deniers
pour paruenir à l'effect de nostre dessein,
laquelle aymans mieux rechercher & prendre sur nous mesmes, que de les surcharger,
& n'ayans à present autre plus prompt ny
asseuré moyen de subuenir à ceste vrgente
necessité, que de nous ayder des deniers
qui pourront prouenir de la vente à faculté de rachapt perpetuel des Greffes de toutes les Cours & Iurisdictions Royales de
nostre Prouince de Bretagne , & petits
Seaux qui ont esté racheptez & reünis à

noftre Domaine , & reuente de ceux qui
font encores alienez & n'ont efté rachetez :
Sçavoir faisons qu'apres auoir mis
cét affaire en deliberation en noftre Confeil, où eftoient la Royne noftre tres-hono-
ree Dame & Mere, aucuns Princes de noftre Sang, autres Princes & Officiers de noftre Couronne , & plufieurs grands & nota-
bles perfonnages de noftredit Confeil, De
l'aduis d'iceluy , & de noftre propre mou-
uement, certaine fcience , pleine puiffan-
ce & auctorité Royale : Auons par noftre
prefent Edict, perpetuel & irreuocable dit,
ftatué, & ordonné , difons, ftatuons & ordonnons, voulons & nous plaift, que par
les Commiffaires qui feront à ce par nous
deputez, & les folennitez en tel cas requi-
fes gardees & obferuees , il foit procedé à la
vente & alienation à faculté de rachapt
perpetuel par fimples encheres, tiercemens
& doublemens de tous les Greffes , tant ciuils que criminels , & des prefentations,
petis Seaux, affirmations & infinuations:
Enfemble des places de Commis & Clercs
des Greffes, auec le droict du parifis que
nous voulons auffi eftre eftably par le prefent Edict , tout ainfi qu'aux autres Greffes

du reſſort de noſtre Cour de Parlement de
Paris, pour eſtre ledit droict vendu & alie-
né par leſdits Commiſſaires, à ladite faculté de rachapt perpetuel, coniointement ou
ſeparément d'auec toutes leſdites charges
de Greffiers & Maiſtres Clercs, ſoit de noſtre Cour de Parlement de Bretagne, Re-
queſtes du Palais, Table de marbre, Chambre de nos Comptes, Sieges Preſidiaux,
Bailliages, Seneſchauſſees, Preuoſtez,
Eauës & Foreſts, Bureaux de foraines & de
nos Domaine, Mareſchauſſée, Admirauté, Iuges Conſuls, Inſinuations Eccleſia-
ſtiques, & generalement de tous les Sieges
& Iuriſdictions Royales de noſtredite Prouince, & les petis Seaux qui nous appar-
tiennent, leſquels ont eſté cy deuant rachetez, & pour ceux qui ne l'ont eſté qu'ils
ſeront reünis à noſtredit Domaine, en rem-
bourſant au prealable les acquereurs d'i-
ceux, tant de leur finance principale que
loyaux couſts, ſuiuant la liquidation qui en
ſera faicte & procedé à la reuente d'iceux
par leſdits Commiſſaires, pour eſtre les deniers deſdites ventes & reuentes auec ceux
de l'eſtabliſſement dudit droict de pariſis,
payez par les acquereurs és mains de celuy

qui fera par nous commis à la recepte d'i-
ceux, & par luy payez en noftre Efpargne,
& employez ainfi qu'il fera par nous ordonné, & lefdits Greffes à l'aduenir tenus &
poffedez par les nouueaux acquereurs,
leurs hoirs, fucceffeurs & ayans caufe, &
en iouïr en engagement de Domaine fouz
ladite faculté de rachapt perpetuel, enfemble dudit droiÆ de parifis, comme de leur
propre chofe, vray & loyal acqueft, aux
mefmes profits, reuenus, efmolumens, au-
Ætoritez, priuileges, immunitez, exemptions, facultez & autres droiÆs dont ont
iouÿ les pretendus acquereurs defdits Greffes, Clercs & commis, fans qu'ils puiffent
eftre depoffedez de leur acquifition, par re-
duÆtion de deniers à rente ou autrement,
ains feulement en les rébourfant comptant
à vn feul & aÆuel payement des deniers
portez par leurs contraÆs d'engagement &
quittances de finances, & par vn EdiÆ de
reuente generale deuëment verifié, en
vertu defquels contraÆs & quittances lefdits nouueaux acquereurs feront mis en
pleine & entiere poffeffion par les Officiers
defdites Cours & IurifdiÆions, ainfi qu'à
chacun d'eux appartiendra, pour iouïr par

leurs mains ou de leurs Procureurs ou fermiers defdits Greffes , droicts & efmolumens d'iceux , à commencer du iour de leurs contracts d'acquifition & quittance de finance: Et à cefte fin les fermiers defdits Greffes , Clercs & Commis payeront aufdits acquereurs le prix de leurs fermes , ou leur rendront compte comme de Clerc à Maiftre , des droicts par eux receus depuis ledit iour, au chois & option defdits acquereurs , & feront lefdits fermiers tenus quittes & defchargez de leurs baux , en payant en nos receptes ce qui nous reftera deu d'iceux: Voulons que les contracts qui auront efté ainfi faicts par lefdits Commiffaires foient de tel effect force & vertu , comme f'ils eftoient par nous faicts en noftre Confeil , les ayant à cefte fin dés à prefent validez & auctorifez , validons & auctorifons: Si donnons en mandement à nos amez & feaux Confeillers , les gens tenans noftre Cour de Parlement , Chambre de nos Comptes , & Treforiers de France en Bretaigne , que noftre prefent Edict ils facent lire , publier & regiftrer , & le contenu en iceluy inuiolablement garder , obferuer & entretenir de point en point felon fa forme

&

& teneur, sans permettre ny souffrir qu'il y
soit donné aucun trouble ou empesche-
ment, nonobstant oppositions ou appella-
tions quelsconques, faictes ou à faire par
quelques personnes que ce soit, pour lesquelles ne voulons estre differé, & dont si
aucunes interuiennent, Nous auons retenu
& reserué, retenõs & reseruons la cognois-
sance à Nous & à nostre Conseil, & icelle
interdite & defenduë à toutes nos Cours &
Iuges quelsconques, nonobstant aussi tous
Edicts, Declarations, traictez, contracts,
lettres, Arrests, Reglemens, & autres
choses à ce contraires, à quoy & à la derogatoire de la derogatoire y contenue, nous
auons derogé & derogeõs par cesdites pre-
sentes: ausquelles afin que ce soit chose ferme & stable à tousiours, Nous auons faict
mettre & apposer nostre seel, sauf en autres choses nostre droict & l'auttruy en toutes. Donné à Nantes au mois de Iuillet,
l'an de grace mil six cens vingt-six: & de
nostre regne le dix-septiesme.

     Signé,   LOVIS.
Et sur le reply, Par le Roy, POTIER.
Et à costé,   Visa.
Et seellé du grand scel de cire verte, en

lacs de foye rouge & verte.
Et fur ledit reply eft encore efcrit:

*Regiftrees fuiuant l'Arreft de la Cour de ce iour,
aux charges portees par ledit Arreft. Faiĉt en Parlement à Rennes le vingt-feptiefme Aouft mil fix
cens vingt-fix.*
        Signé,   *BOVRGONNIERE.*

*Leues, publiees, regiftrees, ce requerant le Pro-
cureur General du Roy, fuiuant l'Arreft de ce iour.
Faiĉt en la Chambre des Comptes à Nantes, le neu-
fiefme Septembre, mil fix cens vingt-fix.*
        Signé,   *BOYLESVE.*

EXTRAICT DES REGISTRES
DV PARLEMENT.

*E V par la Cour Chambres af-
femblees, les Lettres patentes du
Roy en forme d'Ediĉt donnees à
Nantes au mois de Iuillet dernier
mil fix cens vingt-fix, fignees
Louis, & fur le reply, Par le Roy, Potier, & à co-
fté, vifa, & feellees du grand fceau de cire verte
en lacs de foye verte & rouge, Par lefquelles fa*

*Majesté pour pourvoir aux grandes deſſenſes qu'el-
le a eſté obligee de faire pendant les troubles derniers, veut qu'il ſoit procedé à la vente & alienation à faculté de rachapt perpetuel par ſimples
encheres, tiercemens & doublemens de tous les
Greffes tant ciuils que criminels, des preſentations,
petits ſeaux, affirmations & inſinuations, enſemble
des places de Commis & Clercs de Greffe, auec le
droict de Pariſis que ſadite Majeſté veut y eſtre
eſtably par ledit Edict, tout ainſi qu'aux autres
Greffes du reſſort du Parlement de Paris, ainſi
qu'il eſt plus amplement porté par leſdites Lettres.
Requeſte de maiſtre Iean de Bruc Procureur Scin-
dic des gens des trois Eſtats de ce pays, tendante
afin de ſurceance ſur la deliberation dudit Edict,
iuſques à auoir eſté deputé à la prochaine aſſemblee
deſdits Eſtats, & cependant receuoir ſon oppoſition
à la verification d'iceluy, Concluſions du Procureur
General du Roy, & tout conſideré: LA COVR
a ordonné & ordonne que ledit Edict ſera leu &
publié en l'Audiance d'icelle, & regiſtré au Greffe de ladite Cour, & copies d'iceluy enuoyees aux
ſieges Preſidiaux & Royaux de ce reſſort, pour y
eſtre pareillement leu & publié à ce qu'aucun n'en
pretende cauſe d'ignorance, à la charge que les Greffiers ne pourront prendre les droicts de Pariſis ny
de Clercs de Greffes portez par ledit Edict. Faict*

B ij

en *Parlement à Rennes, le vingt-septiesme Aoust mil six cens vingt-six.*

Signé, MONNERAYE.

OVIS par la grace de Dieu, Roy de France & de Nauarre : A nos amez & feaux Cõseillers, les gens tenans noſtre Cour de Parlement à Rennes, Salut. Nous vous auons cy deuant enuoyé noſtre Edict du mois de Iuillet dernier, Par lequel auons ordonné qu'il ſera procedé à la vente & alienation à faculté de rachapt perpetuel de tous les Greffes tant ciuils que criminels du reſſort de noſtredite Cour, preſentations, petits ſeaux, affirmations & inſinuations, enſemble des places de Commis & Clercs des Greffes, auec le droict de Pariſis ou cinquieſme en ſus des droicts deſdits Greffes: Procedant à la verification duquel Edict vous auez par voſtre Arreſt du vingt-ſeptieſme du preſent mois d'Aouſt, ordonné qu'il ſeroit leu & publié en l'Audiance, & regiſtré au Greffe de ladite Cour, & co-

pies d'iceluy enuoyees aux sieges Presidiaux & Royaux de vostredit ressort, pour
y estre pareillement leu & publié, à la charge que les Greffiers ne pourroient prendre
les droicts de Parisis ny de Clercs des Greffes portez par ledit Edict. Et d'autant que
par ceste restrinction vous nous priuez d'vn
quart du fruict & du secours que nous at-
tendons dudit Edict en l'vrgente & extre-
me necessité de nos affaires, & que d'ailleurs les droicts de Parisis, Clercs & Commis des Greffes, sont establis en toutes les
autres Prouinces de nostre Royaume:
NOVS vous mandons, ordonnons, voulons & nous plaist, Que sans attendre de
Nous autre ny plus expresse Iussion que la
presente, vous ayez tous affaires cessans &
postposez, à proceder à l'enregistrement
pur & simple dudit Edict, sans vous arre-
ster à ladite restrinction ny aux causes mo-
tiues d'icelle : Nonobstant lesquelles &
toutes autres remonstrances faites ou à faire, Nous voulons nostredit Edict auoir lieu
& estre executé de point en point selon sa
forme & teneur: Car tel est nostre plaisir.

DONNE' à Fontenay le vingt-huicties-
me iour d'Aoust, l'an de grace mil six cens

vingt-six : Et de noſtre regne le dix-ſe-
ptieſme.

Signée,   LOVIS.

Et plus bas, Par le Roy. POTIER.

Et ſeellée du grand ſceau de cire iaune
ſur ſimple queuë.

Et au deſſous eſt eſcrit :

*Regiſtrees ſuiuant l' Arreſt de la Cour de ce iour,
aux charges portees par ledit Arreſt. Faict en Parlement à Rennes le trente-vnieſme d'Aouſt , mil
ſix cens vingt-ſix.*

Signé,   BOVRGONNIERE.

EXTRAICT DES REGISTRES
DV PARLEMENT.

*VEV par la Cour, Chambres aſſem-
blees, les Lettres patentes du Roy en
forme de Iuſſion donnees à Fontenay
le vingt-huictieſme iour du mois, ſi-
gnees, Louis, & plus bas, Par le Roy, Potier, & ſeel-
lees du grand ſeel de cire iaune, Par leſquelles ſa Majeſté mande à ladite Cour, tous affaires ceſſans &
poſtpoſez, proceder à l'enregiſtrement pur & ſim-*

ple de l'Edict du mois de Iuillet dernier, concernant
la vente & alienation à faculté de rachapt perpetuel de tous les Greffes tant ciuils que Criminels
du reffort de ladite Cour, prefentations, petits feaux,
affirmations & infinuations, enfemble des places
de Commis & Clercs des Greffes, auec le droict de
Parifis ou cinquiefme en fus des droicts defdits
Greffes, fuiuant que plus amplement eft contenu
par lefdites Lettres, ledit Edict du mois de Iuillet
dernier, Arreft de ladite Cour du vingt-feptiefme
dudit mois d'Aouft, Par lequel auroit efté ordonné qu'iceluy Edict feroit leu & publié en l'Audiance d'icelle, & copies d'iceluy enuoyees aux fie-
ges Prefidiaux & Royaux de ce reffort, pour y
eftre pareillement leuës & publiees, à la charge
que les Greffiers ne pourront prendre les droicts de
Parifis ny Clercs des Greffes portez par ledit E-
dict, Conclufions du Procureur General du Roy,
& tout confideré : LA COVR du tres-expres
commandement du Roy a leué la modification tou-
chant le droict de Parifis feulement, portez par
ledit Arreft du vingt-feptiefme du prefent mois, au
lieu duquel ordonne que les Greffiers receuront leurs
falaires à monnoye, neantmoins le Reglement du
vingt-cinquiefme Octobre mil fix cens dix-fept:
Et que le Roy fera tres-humblement fupplié d'au-
ctorifer le furplus dudit Reglement. Faict en Par-

lement à Rennes, le trente-*vniesme* iour d'*Aoust,*
mil six cens vingt-six.

Signé,   *MONNERAYE.*

EXTRAICT DES REGISTRES
DE LA CHAMBRE DES
Comptes de Bretagne.

EV par la Chambre les *Lettres Paten-*
tes du Roy en forme d'Edict , *donnees à*
Nantes au mois de Iuillet dernier mil six
cens vingt-six, *Signées Louis* , *Et sur le reply* , *Par*
le Roy , *Potier* , & *scellees du grand sceau en cire*
verde à lacs de soye rouge & *verde, Par lesquelles sa*
Maiesté pour pouruoir aux grandes despenses qu'elle
a esté obligee de faire pendant les troubles derniers ,
Veut qu'il soit procedé à la vente & *allienation à*
faculté de rachapt perpetuel par simples encheres,
tiercemens & *doublemens* , *de tous les Greffes* , *tant*
ciuils que criminels , *des presentations* , *petis sceaux* ,
affirmations & *insinuations* , *Ensemble des places*
de Commis & *Clercs de Greffes* , *auec le droict de*
parisis que sadite Maiesté veut y estre estably par le-
dit Edict, tout ainsi qu'aux autres Greffes du ressort
du Parlement de Paris , *pour estre ledit droict ven-*
du & *alliené par lesdits Commissaires à ladite fa-*
culté

culté de rachapt perpetuel conioinctement ou separément d'auec toutes lesdites charges de Greffiers &
Maistres Clercs, soit du Parlement de cedit pays,
Requestes du Palais, Table de Marbre, Chambre
des Comptes, Sieges Presidiaux, Bailliages, Seneschaussees, Preuostez, Eauës & Forests, Bureaux
de foraines, & des Domaines de sa Maiesté, Mareschaussee, Admirauté, Iuges Consuls, Insinuations Ecclesiastiques, & generalement de tous les
Sieges & Iurisdictions Royales de cestedite Prouince, ainsi qu'il est plus amplement porté par lesdites lettres, Conclusions du Procureur General du
Roy, & tout consideré, LA CHAMBRE a
ordonné & ordonne que ledit Edict sera leu, publié
& enregistré, sans neantmoins qu'en execution d'i-
celuy il puisse estre procedé à l'establissement ou vente d'aucuns Greffes d'affirmations d'Admirauté &
Bureau de foraine inusitez en ladite Prouince, ny
qu'il soit vse des petis Seaux, autrement qu'il se pra-
tique à present en icelle, à la charge que les adiudicataires des autres Greffes mentionnez audit Edict,
leueront seulement leurs droicts à monnoye, au lieu
du parisis: Et à ce que la vente en soit plus fructueu-
se à sa Maiesté, qu'elle se fera en ladite Prouince par
les Officiers de sadite Maiesté en icelle, qu'il luy plai-
ra de commettre: Que les deniers qui en prouiendront
seront receuz par le Receueur General des finances

dudit pays qui en comptera en ladite Chambre par compte separé, ainsi qu'il a esté pratiqué en cas semblable: & que l'exercice du Greffe de ladite Chambre se fera par personne capable qui sera par icelle commis pour cet effect, qui se chargera par inuentaire de toutes les minuttes, registres & autres actes dudit Greffe, pour les conseruer en ladite Chambre, sans les en pouuoir transporter, lequel commis rendra compte des profits & esmolumens dudit Greffe à l'adiudicataire d'iceluy, sur iceux ses salaires raisonnables tels qu'ils seront taxez par ladite Chambre prealablement pris, & que lesdits adiudicataires & commis seront tenus de deliurer gratuitement & sans salaire tous actes dudit Greffe dont ils seront requis par le Procureur general, pour le seruice du Roy. Faict en la Chambre des Comptes à Nantes, sceances assemblees, le neufiesme iour de Septembre, mil six cens vingt-six.

Signé.   *BOYLESVE.*

CLAVDE Cornulier Seigneur de la Tousche, & Ysaac de Lescouet, Vicomte du Boschet Conseillers du Roy, Tresoriers de France, & Generaux des Finances en Bretagne. Veu l'Edict de sa Maiesté

donné à Nantes au mois de Iuillet dernier , signé
Louis, & sur le reply, Par le Roy, Potier, & seellé
de cire verte à lacs de soye rouge & verte : Par lequel & pour les causes y contenues, Sadite Maiesté voulant reparer & remplacer le desordre & diminution que les troubles & diuers mouuemens suruenus en son Estat , ont apporté en ses reuenus &
finances , A ordonné que par les Commissaires à ce
deputez les solemnitez en tel cas requises , gardees
& obseruees , il soit procedé à la vente & alienation à faculté de rachapt perpetuel par simples encheres , tiercemens & doublemens de tous les Greffes tant ciuils que criminels , & des presentations,
petits sceaux, affirmations & insinuations, ensemble des places de Commis & Clercs des Greffes ,
auec le droict du Parisis que sadite Maiesté veut
aussi estre establly , tout ainsi qu'aux autres Greffes
du ressort de la Cour de Parlement de Paris. Pour
estre ledit droict vendu & alienè par lesdits Commissaires à ladite faculté de rachapt perpetuel conioinctement ou separément d'auec toutes lesdites
charges de Greffiers & maistres Clercs, soit de la
Cour de Parlement de ce pays, Requestes du Palais, Table de Marbre, Chambre des Comptes, sieges
Presidiaux, Bailliages, Seneschaussees, Preuostez,
Eaux & Forests, Bureaux de Foraines, & des Domaine, Mareschaussee, Admirauté, Iuges Consuls,

C ij

Insinuations Ecclesiastiques, & generalement de tous les Sieges & Iurisdictions Royales de cette Prouince, & les petits sceaux appartenans à sadite Maiesté, lesquels ont esté cy deuant rachettez, & pour ceux qui ne l'ont esté, qu'ils seront reünis au Domaine de sadite Maiesté, en remboursant au prealable les acquereurs d'iceux, tant de leur finance principale que loyaux cousts, suiuant la liquidation qui en sera faicte, & proccdé à la reuente d'iceux par lesdits Commissaires, pour estre les deniers desdites ventes & reuentes auec ceux de l'establissement dudit droict de Parisis payez par les acquereurs, és mains de celuy qui sera par sadite Maiesté commis à la recepte d'iceux & par luy payez en son Espargne, & employez ainsi qu'il sera par sadite Maiesté ordonné, & lesdits Greffes à l'aduenir tenus & possedez par les nouueaux acquereurs, leurs hoirs, successeurs & ayans cause, & en iouir en engagement de Domaine sous ladite faculté de rachapt perpetuel, ensemble dudit droict de Parisis comme de leur propre chose, vray & loyal acquest, aux mesmes profits, reuenus, esmolumens, authoritez, priuileges, immunitez, exemptions, facultez & autres droicts dont ont iouy les precedens acquereurs desdits Greffes, Clercs & Commis, sans qu'ils puissent estre depossedez de leur acquisition par reduction de deniers à rente

ou autrement , ains seulement en les remboursant
contant à vn seul & actuel payement des deniers
portez par leurs contracts d'engagement & quittances de finance & par vn Edict de reuente
generale deuëment verifié. En vertu desquels contracts & quittances lesaits nouueaux acquereurs
seront mis en pleine & entiere posseßion par les
Officiers desdites Cours & Iurisdictions , ainsi
qu'à chacun d'eux appartiendra , pour iouïr par
leurs mains ou de leurs Procureurs ou Fermiers
desdits Greffes , droicts & esmolumens d'iceux , à
commencer du iour de leurs contracts d'acquisition
& quittances de finance : Et à cette fin les Fermiers desdits Greffes , Clercs & Commis , payeront ausdits acquereurs le pris de leurs Fermes , ou
leur rendront compte comme de Clerc à Maistre
des droicts par eux receus depuis ledit iour , au
chois & option desdits acquereurs , & seront lesdits Fermiers tenus quittes & deschargez de leurs
baux en payant és receptes de sadite Maiesté ce
qui restera deu d'iceux : Voulant sadite Maiesté que
les contracts qui auront esté ainsi faits par lesdits
Commissaires soient de tel effect , force & vertu,
comme s'ils estoient faits au Conseil de sa Maiesté,
les ayant à cette fin dés à present validez & au-
thorisez , ainsi que plus au long est contenu audit
Edict , regisré en la Cour de Parlement & veri-

fié en la Chambre des Comptes de ce pays par
Arrests des trente-vniesme iour d'Aoust dernier,
& neufiesme du present mois : Duquel entant qu'à
Nous est, Consentons l'effect & entherinement
aux charges portees par lesdits Arrests. Faict à
Nantes sous l'vn des cachets de nos armes, le dixies-
me iour de Septembre, mil six cens vingt-six.

Signé,   CORNVLIER.

                            DE LESCOVET.

Collationné aux originaux par moy Conseil-
ler, Notaire & Secretaire du Roy.